铁路职工岗位技能必知必会学习手册

动态检车员（动车组）

铁路职工岗位技能必知必会学习手册编委会　编

中国铁道出版社有限公司

2022年·北　京

图书在版编目(CIP)数据

动态检车员:动车组/铁路职工岗位技能必知必会学习手册编委会编. —北京:中国铁道出版社有限公司,2022.9
(铁路职工岗位技能必知必会学习手册)
ISBN 978-7-113-29632-2

Ⅰ.①动… Ⅱ.①铁… Ⅲ.①铁路车辆-动车-动态检验-岗位培训-自学参考资料 Ⅳ.①U279.3

中国版本图书馆 CIP 数据核字(2022)第 169165 号

书　　名:**动态检车员(动车组)**
作　　者:铁路职工岗位技能必知必会学习手册编委会

责任编辑:黄　璐　　　　**编辑部电话**:(010)51873138
编辑助理:白小玉
封面设计:尚明龙
责任校对:苗　丹
责任印制:高春晓

出版发行:中国铁道出版社有限公司(100054,北京市西城区右安门西街 8 号)
网　　址:http://www.tdpress.com
印　　刷:三河市国英印务有限公司
版　　次:2022 年 9 月第 1 版　2022 年 9 月第 1 次印刷
开　　本:880 mm×1 230 mm 1/64　**印张**:1.25　**字数**:28 千
书　　号:ISBN 978-7-113-29632-2
定　　价:12.00 元

编 委 会

前　言

为了进一步提高职工岗位技能应知应会培训的基础性和针对性，引导职工全面、准确地掌握岗位关键作业规章、岗位知识，提高操作技能及应急处理能力，培养一支知识型、技术型、创新型高素质技能人才队伍，为推动首善之局建设再上新台阶提供人力保障。我们依据中国国家铁路集团有限公司、中国铁路北京局集团有限公司发布的规章制度、技术标准和文件要求，组织编写了“铁路职工岗位技能必知必会学习手册”系列图书。

“铁路职工岗位技能必知必会学习手册”由运输、客运、货运、机务、供电、工务、电务、车辆等专业系统组成，内容涵盖了原中国铁路总公司发布的《铁路技术管理规程（高速铁路部分）》《铁路技术管理规程（普速铁路部分）》《铁路交通事故调查处理规则》，中国铁路北京局集团有限公司发布的《普速铁路行车组织规则》《高速铁路行车组织细则》等基本规章和专业规章、岗位知识、作业标准、非正常情况应急处置、设备故障处理等职工岗位技能必知必会的基本内容。

“铁路职工岗位技能必知必会学习手册”由中国铁路北京局集团有限公司职工培训部，运输、客运、货运、机务、供电、工务、电务、车辆等专业部组织编写，可作为职工日常培训学习的主要参考资料和教材，使用中遇到规章、标准、工艺及设备变化，应以有效文件规定为准，并及时修改相应内容。

本书由高志强、杨征、张友印主编，曹民建、白景义、张远东、石成、武振杰、高静涛、齐庆山、张子君、李宇佳、赵晓明、苏国江、沙林立、门亮、石晓彤、郑燕辉、高磊、秦振超参加编写，由胡文龙、王维、王旭东、赵永超集体审定。

书中不妥之处，恳请读者指正。

本书编委会

2022 年 8 月

目　录

第一章　基本规章

1.《铁路技术管理规程(高速铁路部分)》(以下简称《技规(高速铁路部分)》)第168条,简述动车组应有识别的标记。

答:动车组应有识别的标记:路徽、配属局段简称、车型、车号、定员、自重、载重、全长、最高运行速度、制造厂名和日期、定期修理日期、修程和处所。动车组应有"电化区段严禁攀登"的标识。

2.《技规(高速铁路部分)》第170条,动车组重联或长编组时受电弓间距是如何规定的?

答:动车组重联或长编组时,工作受电弓间距为200~215 m。在特殊情况下,工作受电弓间距不满足200~215 m时,须校核分相布置与工作受电弓间距匹配情况,并通过上线运行试验确认。

3.《技规(高速铁路部分)》第171条,动车组的检修周期是如何规定的?

答:动车组实行以走行公里周期为主、时间周期为辅的计划预防修,检修方式以换件修为主,主要零部件采用专业化集中修。动车组修程分为一、二、三、四、五级,检修周期及技术标准按中国国家铁路集团有限公司动车组检修规程执行。

4.《技规(高速铁路部分)》第185条,对与接触网的安全距离是如何规定的?

答:为保证人身安全,除专业人员执行有关规定外,其他人员(包括所携带的物件)与牵引供电设备带电部分的距离,不得小于2 000 mm。

在设有接触网的线路上,严禁攀登车顶及在车辆装载的货物之上作业;如确需作业时,须在指定的线路上,将接触网停电接地并采取安全防护措施后,方准进行。

5.《技规(高速铁路部分)》第245条,简述动车组重联、解编时的规定。

答：两列动车组重联或解编时，由动车组机械师负责引导，司机确认。动车组重联时，被控动车组应退出占用，主控动车组使用调车模式与被控动车组连接。解编操作时，主控动车组转换为调车模式后，必须一次移动 5 m 以上方可停车。

6.《技规（高速铁路部分）》第 470 条，简述动车段（所）的出站色灯信号机不同灯光的含义。

答：(1) 一个黄色灯光——准许列车由动车段（所）出发，表示发车进路建立且出站第一离去区段空闲。

(2) 一个红色灯光——不准列车越过该信号机。

(3) 在兼作调车信号机时，一个月白色灯光——准许越过该信号机调车。

7.《铁路交通事故调查处理规则》（以下简称《事规》）第二条，简述铁路交通事故的定义。

答：铁路机车车辆在运行过程中发生冲突、

脱轨、火灾、爆炸等影响铁路正常行车的事故，包括影响铁路正常行车的相关作业过程中发生的事故；或者铁路机车车辆在运行过程中与行人、机动车、非机动车、牲畜及其他障碍物相撞的事故，均为铁路交通事故(以下简称事故)。

8.《事规》第六条，简述事故调查处理的原则。

答：事故调查处理应坚持以事实为依据，以法律、法规、规章为准绳，认真调查分析，查明原因，认定损失，定性定责，追究责任，总结教训，提出整改措施。

9.《事规》第七条，依据《铁路交通事故应急救援和调查处理条例》(以下简称《条例》)规定，简述事故的等级。

答：依据《条例》规定，事故分为特别重大事故、重大事故、较大事故和一般事故四个等级。

10.《事规》第八条，什么情形为特别重大事故？

答：(1)造成30人以上死亡。

(2)造成100人以上重伤(包括急性工业中毒,下同)。

(3)造成1亿元以上直接经济损失。

(4)繁忙干线客运列车脱轨18辆以上并中断铁路行车48小时以上。

(5)繁忙干线货运列车脱轨60辆以上并中断铁路行车48小时以上。

11.《事规》第十条,什么情形为较大事故?

答:有下列情形之一的,为较大事故:

(1)造成3人以上10人以下死亡。

(2)造成10人以上50人以下重伤。

(3)造成1 000万元以上5 000万元以下直接经济损失。

(4)客运列车脱轨2辆以上18辆以下。

(5)货运列车脱轨6辆以上60辆以下。

(6)中断繁忙干线铁路行车6小时以上。

(7)中断其他线路铁路行车10小时以上。

12.《事规》第十一条,简述一般事故的分类。

答：一般事故分为：一般A类事故、一般B类事故、一般C类事故、一般D类事故。

13.《事规》第十五条，简述D21事故。

答：行车设备故障耽误本列客运列车1小时以上，或耽误本列货运列车2小时以上；固定设备故障延时影响正常行车2小时以上（仅指正线）。

14.《事规》第十八条，简述事故发生后关于上报的要求。

答：事故发生后，事故现场的铁路运输企业工作人员或者其他人员应当立即向邻近铁路车站、列车调度员、公安机关或者相关单位负责人报告。有关单位和人员接到报告后，应立即将事故情况向企业负责人和事故发生地安全监管办安全监察值班人员报告，安全监管办安全监察值班人员按规定向安全监管办负责人报告。

15.《事规》第二十七条，特别重大事故由哪个部门组织调查？

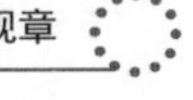

答：特别重大事故按《条例》规定由国务院或国务院授权的部门组织事故调查组进行调查。

16.《事规》第二十九条，较大事故和一般事故由哪个部门组织调查？

答：较大事故和一般事故由事故发生地安全监管办组织事故调查组进行调查。调查组组长由安全监管办负责人或指定人员担任，安全监管办安全监察部门、有关业务处室、公安机关等部门派员参加。

17.《事规》第四十一条，简述《铁路交通事故调查报告》应包括的内容。

答：(1)事故概况。

(2)事故造成的人员伤亡和直接经济损失。

(3)事故发生的原因和事故性质。

(4)事故责任的认定以及对事故责任者的处理建议。

(5)事故防范和整改措施建议。

(6)与事故有关的证明材料。

18.《事规》第四十九条，简述事故的分类和事故责任的分类。

答：事故分为责任事故和非责任事故。事故责任分为全部责任、主要责任、重要责任、次要责任和同等责任。

19.《事规》第六十五条，简述事故发生后，发生单位未如实提供情况的定责。

答：事故发生后，因发生单位未如实提供情况，导致不能查明事故原因和判定责任的，定发生单位责任。

20.《事规》第六十八条，铁路作业人员在从事与行车相关的作业过程中造成伤亡，应如何定责？

答：铁路作业人员在从事与行车相关的作业过程中，不论作业人员是否在其本职岗位，由于违反操作规程、作业纪律，或铁路运输生产设备设施、劳动条件、作业环境不良，或安全管理不善等造成伤亡，定责任事故。

21.《事规》附件1，简述机车车辆设备的

定义。

答:机车车辆包括铁路机车、客车、货车、动车、动车组及各类自轮运转特种设备等。

22.《事规》附件 1,简述运行过程中的定义。

答:运行过程中系指铁路机车车辆运行的全过程,也包括在其运行中的停车状态。

23.《事规》附件 1,简述脱轨的定义。

答:脱轨系指机车车辆的车轮落下轨面(包括脱轨后又自行复轨),或车轮轮缘顶部高于轨面(因作业需要的除外)。每辆(台)只要脱轨 1 轮,即按 1 辆(台)计算。

24.《事规》附件 1,简述列车发生火灾的定义。

答:列车发生火灾系指列车起火造成机车车辆破损影响行车设备设施正常使用,或发生人员伤亡、货物、行包烧毁等。

25.《事规》附件 1,简述列车发生爆炸的定义。

答:列车发生爆炸系指机车车辆在运行过程中发生爆炸,造成其设备损坏,墙板、车体变形或出现孔洞,影响正常行车。

26.《事规》附件1,简述耽误列车的定义。

答:耽误列车系指列车在区间内停车;通过列车在站内停车;列车在始发站或停车站晚开、在运行过程中超过图定的时间(局管内)或调度员指定的时间;列车停运、合并、保留。

27.《事规》附件2,简述动车组报废条件。

答:符合下列条件之一时:

(1)修理费用超过该型动车组新车现价70%的。

(2)动车组主要配件(主变压变流器、转向架)破损严重,不能恢复基本性能的。

(3)车体结构变形或破损严重,无法修复的。

28.《事规》附件2,简述动车组大破条件。

答:符合下列条件之一时:

(1)修理费用超过该型动车组新车现价

50% 的。

(2)下列各项之一必须大修修复时：主变压器、牵引变流器，转向架。

29.《事规》附件 2，简述动车组中破条件。

答：符合下列条件之一时：

(1)修理费用超过该型动车组新车现价 30% 的。

(2)下列各项之一必须大修修复时：三台牵引电机、轮对、辅助变流器。

30.《高速铁路行车组织细则》(以下简称《行细》)第 11 条，简述关于行车相关信息系统管理的补充规定。

答：行车直接相关信息系统，包括列车调度指挥系统(TDCS)、调度集中系统(CTC)、供电远动系统(SCADA)、运输调度管理系统(TDMS)、自然灾害及异物侵限监测系统、动车组运行故障动态图像检测系统(TEDS)等。

31.《行细》第 72 条，简述冰雪天气动车组限速规定。

答：安装 TEDS 的区段，TEDS 监控中心要加强对动车组转向架结冰、积雪等情况的监测分析，发现动车组转向架结冰需限速运行时，应立即将车次及限速要求按相关规定报告动车调度员，动车调度员按规定通知列车调度员进行处置。

32.《行细》第 72 条，简述冰雪天气动车组提速或取消限速规定。

答：TEDS 监控中心要安排专人对动车组转向架结冰、积雪等情况进行监测分析，确认动车组转向架空气弹簧与转向架构架间、轴箱弹簧处，横向止挡及中央牵引装置以及制动夹钳单元无冰雪覆盖或填充后，提出提速或者取消限速的申请。

33.《行细》第 84 条，简述其他规定中的电气化区段安全作业的规定。

答：凡可攀登并能接近接触网的各种机车、客车、吊车及建筑物的梯子、支架等，均应挂有“禁止攀登”“有电危险”等字样的醒目标语或

警告牌，以提醒作业人员注意。标识牌由设备所属单位负责安装维护。

34.《普速铁路行车组织规则》(以下简称《行规》)第 10 条，简述车辆和人员通过道口时，须遵守的规定。

答：(1)通过道口车辆限界及货物装载高度(从地面算起)不得超过 4.5 m，超过时，应绕行立交道口或进行货物倒装。

(2)通过道口车辆上部或其货物装载高度(从地面算起)超过 2 m 通过平交道口时，车辆上部及装载货物上严禁坐人。

(3)人员持有长大、飘动等物件通过道口时，不得高举挥动，应与牵引供电设备带电部分保持 2 m 以上的距离。

35.《行规》第 96 条，简述道夜间运行机车、动车组头灯和标志灯故障时处理的补充规定。

答：(1)夜间运行，司机发现列车标志不完整时，应及时报告车站值班员、列车调度员。

(2)夜间运行，机车(动车组)标志灯不能使用时，可继续运行，机车（动车组）前部头灯不能使用时，司机应适当降速运行到前方站停车处理。运行中应加强鸣笛（有禁、限鸣规定的除外），警告行人、交通车辆及接发车人员。

第二章　专业规章

36.《铁路动车组运用维修规则》(以下简称《运规》)第十六条,对动车组检修周期是如何规定的?

答:动车组实行以走行公里周期为主、时间周期为辅(先到为准)的计划预防修。

37.《运规》第十七条,对动车组修程是如何规定的?

答:动车组修程分为5级。一、二级检修为运用检修,在动车组运用所内进行;三、四、五级检修为高级检修,在具备相应车型检修资质的检修单位进行。

38.《运规》第四十二条,动车所需要承担的工作有哪些?

答:动车所承担动车组运用检修、整备等工作,涉及车辆、机务、供电、电务、客运、运输、公安及造修企业的售后服务等多部门(单位)。

39.《运规》第五十五条,对动车组检修计划编制是如何规定的?

答:动车组二级检修计划按月、周、日编制,高级检修计划按年、月编制。

40.《运规》第五十六条,对动车组二级检修计划编制是如何规定的?

答:动车组二级检修月计划由动车段负责编制;二级检修周计划、运用维修日计划由动车所编制并组织实施。

41.《运规》第五十八条,对动车组扣车是如何规定的?

答:动车组高级修、临修须填写“动车组扣修单”,修竣后须填写“动车组扣修竣工单”,技术变更、专项普查、整修等需要扣车时参照办理。

42.《运规》第六十二条,对动车组一次入(出)库综合作业流程是如何规定的?

答:动车段应统筹考虑各部门(专业)的作

业特点，结合动车所设备设施、站场布局及各专业作业量等实际，制定动车组一次入（出）库综合作业流程，明确作业时间节点。

43.《运规》第六十五条，对一级检修是如何规定的？

答：一级检修是对动车组的车顶、车下、车体两侧、车内和司机室等部位实施快速例行检查、试验和故障处理的检修作业，须在动车所检查库内实施。

44.《运规》第六十六条，简述一级检修作业模式。

答：动车组一级检修可采用无电（可接外接电源）—有电或有电—无电—有电作业模式。

45.《运规》第六十七条，对一级检修作业小组是如何规定的？

答：动车组一级检修时，短编（8 辆编组）原则上由 1 个作业小组实施，长编（16 辆编组）可由 2 个作业小组实施。

46.《运规》第一百三十三条，简述动车组通过检修、检测设备的限速规定。

答：动车组通过检修、检测设备的限速按具体设备技术条件执行，主要设备限速规定如下：

踏面诊断设备：通过限速 30 km/h；检测限速 8～12 km/h。

不落轮车床、转向架更换及落轮设备：通过限速 5 km/h。

洗车机：自走行时限速 3～5 km/h；牵车机牵引时限速 1.5～3 km/h。

轨道桥：限速 10 km/h。

47.《运规》第一百五十六条，对作业完毕的动车组是如何规定的？

答：作业完毕的动车组应清空人员、切断电源、锁闭门窗，严禁任何人员上车、过夜。

48. 简述《运规》中动车组运行安全监控系统 TEDS 的含义。

答：TEDS 指的是动车组运行故障图像检测系统。

49. 简述《运规》中动车组运行安全监控系

统 TADS 的含义。

答:TADS 指的是车辆滚动轴承故障轨旁声学诊断系统。

50. 简述《运规》中动车组运行安全监控系统 THDS 的含义。

答:THDS 指的是车辆轴温智能探测系统。

51. 简述《运规》中动车组运行安全监控系统 TPDS 的含义。

答:TPDS 指的是车辆运行品质轨旁动态监测系统。

52.《铁路车辆安全管理规则》(以下简称《安规》)第 43 条,简述动车的行车安全防范重点。

答:动车组应突出"防燃轴切轴、防配件脱落、防动车火灾、防制动故障、防高压牵引系统故障"(简称动车五防)等行车安全防范重点。

53.《安规》第 72 条,简述顺线路行走时的安全事项。

答:顺线路行走时,不走轨道中心和轨枕

头。横过线路和道口时,注意瞭望机车、车辆,执行“一站、二看、三确认、四通过”制度。严禁抢道、抓车、跳车、钻车。

54.《安规》第 74 条,简述两人以上从事同一作业时的安全事项。

答:两人以上从事同一作业时,必须指定专人指挥,统一行动,相互配合,呼唤应答;搬运材料、配件应在两线间行走,不得紧靠线路。两人以上扛抬物品时,应同肩同步,同起同落。

55.《安规》第 76 条,简述分解组装车辆或机械上的配件时的安全事项。

答:分解组装车辆或机械上的配件时,应密切注意其连接情况,在没有采取有效安全防护措施的情况下,严禁拆卸。组装需吻合对孔的部件,严禁用手指探摸孔槽,必要时应以工具拨动;一切零部件、工具材料不得丢掷。

56.《安规》第 77 条,简述在电气化区段通过和使用设备时的安全事项。

答:在电气化区段通过和使用各种车辆、机

具设备不得超过机车车辆限界；任何人员及所携带的物品、工具等必须与接触网带电部分保持安全距离；车辆上方的接触网设备未停电并办理安全防护措施前，禁止任何人员攀登到车顶或车辆装载的货物上。

57.《安规》第85条，如何做好用电安全工作？

答：按照用电安全的有关要求，配合有关部门建立健全电器、电动机具设备维保与安全检测、安全监督检查、技术档案基础资料、应急预案等管理标准，协助做好用电安全工作。全体干部职工除应严格遵守安全用电规定外，必须懂得触电急救知识。

58.《安规》第93条，简述拆装、检修制动装置配件时的注意事项。

答：拆装、检修制动装置配件时，必须先截断风源，排净余风，方能作业；作业结束后要恢复开通位置；吹扫各种储风缸、制动管，其风压不得超过规定；开放折角塞门吹尘时应紧握制动软管连接器。

59.《安规》第 100 条，简述轮对检修作业时的注意事项。

答：轮对检修作业时，不得脚踩钢轨，要随时注意前后轮对的动态，设好防溜装置，严禁骑跨钢轨推送轮对；堆放车轮和车轴时，要采取防滑、防滚动和倾倒措施。

60.《安规》第 106 条，简述对电气设备进行维护工作时的注意事项。

答：对电气设备进行维护工作时，应断开相应的断路器、闭锁开关，设置接地连接、短路、放电回路，使用绝缘工具进行操作，采取必要措施防止触电和电击伤害。

61.《安规》第 108 条，简述对车辆供风、用风设备维修作业时的注意事项。

答：对供风及制动系统、受电弓、脚蹬、前罩开闭机构、自动车钩及转向架等供风、用风设备进行维修作业时，须采取截断风源、排风等安全措施。

62.《安规》第 111 条，简述插、撤安全防护信号时的注意事项。

答：作业在开始和结束前，严格执行插、撤防护信号联锁传递办法，按规定防护距离设安全防护信号，严禁在无防护信号的情况下进行检修作业，严禁在列车运行中处理故障。

63.《安规》第 113 条，简述在线路上作业时的安全事项。

答：在线路上作业时，禁止戴妨碍视觉、听觉的色镜帽子。有冰冻时应采取防滑措施，以防滑倒摔伤。

64.《安规》第 121 条，简述动车组车下作业前、作业中的注意事项。

答：动车组车下作业前须采取动车组防溜和人员防触电措施，作业中重点防止碰伤、砸伤和电机、风机等设备运转引起的伤害。

65.《安规》第 122 条，简述动车组进行车门开关试验、通电试验时的注意事项。

答：动车组进行车门开关试验时，应先广播

通知作业人员，防止坠落；进行通电试验，须确认车下设备检修完毕。

66.《安规》第 124 条，简述动车组临修库作业人员运用作业时须确认的内容。

答：动车组临修库作业人员须确认移动接触网、隔离开关状态，临修库设备不侵限，动车组受电弓升弓状态等。

67. 简述《中国铁路北京局集团有限公司动车组运行故障图像检测系统（TEDS）运用管理细则》（以下简称《TEDS 管理细则》）中对分析作业人员作业时间的要求。

答：分析作业人员人均单辆 TEDS 检查作业时间按照 180 s 掌握；实现车体底部、侧部裙板、连接装置部位自动报警的，人均单辆 TEDS 检查作业时间按 120 s 掌握。

68. 简述《TEDS 管理细则》中对跨局运行动车组作业频次的要求。

答：（1）动车组运行 1 000 km 范围内须进行一次 TEDS 检查作业。

(2)经过一级修作业的动车组出所后,500 km范围内须进行一次TEDS检查作业(500 km范围内无探测站的,须对距离最近的探测站监控图像进行一次TEDS检查作业)。

(3)当日不进行一级修作业的动车组终到前,500 km内须进行一次检查作业;次日上线运行后500 km范围内须进行一次TEDS检查作业。

69. 简述《TEDS管理细则》中不同故障的处置方式。

答:根据TEDS发现故障的不同情况,采取立即停车检查、前方站停车检查、途中监控入库检查、限速运行或取消限速的处置方式。

70. 简述《TEDS管理细则》中立即停车检查的内容。

答:动车组裙底板、外掀式翻板打开,车下悬吊件及走行部配件出现部分离开母体或存在脱落风险,危及行车安全的其他情况。

71. 简述《TEDS管理细则》中前方站停车检查的内容。

答：头罩打开，车钩、软管、风挡及各电气连接线的连接状态存在异常，齿轮箱漏油，带有影响行车的异物（能确认为塑料袋、纸、树枝等不影响安全的除外），走行部配件变形、裂折，但无脱落风险。裙底板、走行部螺栓丢失，但其连接配件无脱落风险，需要前方站现场确认的其他故障。

72. 简述《动车组滚动轴承轨旁声学诊断系统（TADS）联网运用管理办法（试行）》（以下简称《TADS 管理办法》）中 TADS 系统联网 A 级报警处置标准。

答：发生 A 级报警后，动车组担当（代管）段须做好运行途中的巡视、报警轴承温度监控、轴温数据趋势分析等工作，对异常情况按有关规定及时妥善处置；具备条件时或完成当日交路后须对报警轴箱外观、状态进行检查确认；回担当动车（客车）段后，对排除误报后的故障轴承进行换轮分解检查。

73. 简述《TADS 管理办法》中 TADS 系统

联网B级报警处置标准。

答:发生B级报警后,动车组担当(代管)段须做好运行途中的巡视、报警轴承温度监控、轴温数据趋势分析等工作,对异常情况按有关规定及时妥善处置;回担当动车(客车)段后,对报警轴箱外观、状态进行检查确认,必要时进行开盖检查或换轮分解检查。

74. 简述《TADS管理办法》中TADS系统预报故障信息传递要求。

答:值守人员发现故障报警信息后,须及时将车次、车组号、报警轴位、报警等级、报警设备地点等详细信息通知随车机械师、配属动车所和应急指挥中心相关人员。

第三章　基础知识

75. 简述 CRH2E 型动车组编组组成。

答：动车组设二等座车（01、00 车）2 辆、软卧车（02～07 车、09～15 车）13 辆、餐座合造车（08 车）1 辆。

76. 简述 CRH2E 型动车组动力配置。

答：CRH2E 型动车组以 8 辆动车和 8 辆拖车共 16 辆构成一个编组，其中 01、04、05、08、09、12、13、00 车为拖车，02、03、06、07、10、11、14、15 车为动车。

77. 简述 CRH2E 型动车组受电弓分布。

答：CRH2E 型动车组受电弓分布在 04、13 车上。

78. 简述 CRH2E 型动车组动车转向架组成。

答：动车转向架主要由构架、轮对轴箱装

置、一系悬挂、二系悬挂、牵引驱动装置（仅动车转向架设）、基础制动装置和踏面清扫装置等部分组成。

79. 简述 CRH2E 型动车组车辆方位。

答：各车辆以靠近 01 车车头方向为 1 位端，相反方向为 2 位端。

80. 简述 CRH2E 型动车组车体底架的组成。

答：底架主要由牵引梁、枕梁、缓冲梁、边梁、横梁、地板等结构组成。

81. 简述 CRH2E 型动车组高压系统组成。

答：高压系统由受电弓、真空断路器、避雷器、电缆连接器、特高压连接线、高压设备箱、接地电阻等设备组成。

82. 简述 CRH5A 型动车组编组组成。

答：一等座车（01、00 车）2 辆、二等座车（02、03、04、05 车）4 辆、二等座车/餐车（06 车）1 辆、带无障碍设施二等座车（07 车）1 辆。

83. 简述 CRH5A 型动车组动力配置。

答：CRH5A 型动车组以 5 辆动车和 3 辆拖车共 8 辆构成一个编组，其中 03、05、06 车为拖车，01、02、04、07、00 车为动车。

84. 简述 CRH5A 型动车组受电弓分布。

答：CRH5A 型动车组受电弓分布在 03 车和 06 车上。

85. 简述 CRH5A 型动车组动车转向架组成。

答：动车转向架主要由构架、轮对轴箱装置、一系悬挂、牵引驱动装置、二系悬挂、基础制动装置和踏面清扫装置等部分组成。

86. 简述 CRH5A 型动车组车辆方位。

答：MC2（01）、M2S（02）、TP（03）、T2（05）车以靠近 01 车车头方向为 1 位端，相反方向为 2 位端；M2（04）、TPB（06）、MH（07）、MC1（00）车以靠近 00 车车头方向为 1 位端，相反方向为 2 位端。

87. 简述 CRH5A 型动车组车体底架的组成。

答:底架主要由焊接构架、端部缓冲梁组成、枕梁刚性支座、脚蹬组成、底架焊接件等部件组成。

88. 简述 CRH5A 型动车组高压系统组成。

答:高压系统由受电弓、真空断路器、避雷器、附加断路器、电压互感器、电流互感器、高压接头、高压电缆等设备组成。

89. 简述 CRH6A 型动车组编组组成。

答:动车组设二等座车(02、03、04、05、06、07、00 车)7 辆、带无障碍设施二等座车(01 车)1 辆。

90. 简述 CRH6A 型动车组动力配置。

答:CRH6A 型动车组以 4 辆动车和 4 辆拖车共 8 辆构成一个基本编组,其中 01、04、05、00 车为拖车,02、03、06、07 车为动车。

91. 简述 CRH6A 型动车组受电弓分布。

答: 动车转向架 CRH6A 型动车组受电弓分布在 04、06 车上。

92. 简述 CRH6A 型动车组动车转向架

组成。

答：动车转向架采用轻量化无摇枕转向架，沿用 H 形焊接构架、转臂式轴箱定位、牵引单拉杆、轴箱轴端型式、牵引电机架悬、联接紧固及防松方式。增设停放制动、撒砂装置、轴箱轴承及齿轮箱轴承实时温度监控。

93. 简述 CRH6A 型动车组车辆方位。

答：各车辆以靠近 01 车车头方向为 1 位端，相反方向为 2 位端。

94. 简述 CRH6A 型动车组车体底架的组成。

答：底架主要由牵引梁、枕梁、缓冲梁、边梁、横梁、地板等结构组成，材料为铝合金型材或铝板。

95. 简述 CRH6A 型动车组高压系统组成。

答：高压系统主要由受电弓、真空断路器 VCB、保护接地开关 EGS、高压隔离开关、电缆及电缆连接器等组成。

96. 简述 CRH380A 型动车组编组组成。

答：动车组设商务/一等座车（01 车）1 辆、商务/二等座车（00 车）1 辆、二等座车（02、03、06、07 车）4 辆、带无障碍设施二等座车（04 车）1 辆、餐座合造车（05 车）1 辆。

97. 简述 CRH380A 型动车组动力配置。

答：CRH380A 型动车组以 6 辆动车和 2 辆拖车共 8 辆构成一个编组，其中 01、00 车为拖车，02、03、04、05、06、07 车为动车。

98. 简述 CRH380A 型动车组受电弓分布。

答：CRH380A 型动车组受电弓分布在 04 车和 06 车上。

99. 简述 CRH380A 型动车组动车转向架组成。

答：动车转向架主要由构架、轮对轴箱装置、一系悬挂、牵引驱动装置、二系悬挂、基础制动装置和踏面清扫装置等部分组成。

100. 简述 CRH380A 型动车组车辆方位。

答：以靠近 01 车车头方向为 1 位端，相反方向为 2 位端。

101. 简述 CRH380A 型动车组车体底架的组成。

答:底架主要由牵引梁、枕梁、缓冲梁、边梁、横梁、地板等结构组成,材料为铝合金型材或铝板。其中边梁及地板由长大铝合金型材纵向整体焊拼而成。

102. 简述 CRH380A 型动车组高压系统组成。

答:高压系统由受电弓、真空断路器、避雷器、电缆连接器、特高压连接线、高压设备箱、接地电阻等设备组成。

103. 简述 CRH380B 型动车组编组组成。

答:动车组设商务/一等座车(01 车)1 辆、商务/二等座车(00 车)1 辆、二等座车(02、03、06、07 车)4 辆、带无障碍设施二等座车(04 车)1 辆、餐座合造车(05 车)1 辆。

104. 简述 CRH380B 型动车组动力配置。

答:CRH380B 型动车组以 4 辆动车和 4 辆拖车共 8 辆构成一个编组,其中 01、03、06、00

车为动车，02、04、05、07 车为拖车。

105. 简述 CRH380B 型动车组受电弓分布。

答：CRH380B 型动车组受电弓分布在 02、07 车上。

106. 简述 CRH380B 型动车组动车转向架组成。

答：CRH380B 型动车组动车转向架主要由构架、轮对轴箱装置、一系悬挂、牵引驱动装置、二系悬挂、基础制动装置和踏面清扫装置等部分组成。

107. 简述 CRH380B 型动车组车辆方位。

答：EC(01、00)车以有司机室端为 1 位端，TC(02、07)、IC(06)、FC(03、04)车以有卫生间端为 1 位端，BC(05)车以有乘务室端为 1 位端，另一端为 2 位端。

108. 简述 CRH380B 型动车组车体底架的组成。

答：底架主要由底架前端结构和底架中部结构两大部分组成。底架中部结构包括地板、边梁两部分，边梁纵向贯通，底架前端和地板均与边梁焊接。底架前端和地板通过连接梁、连接板相连，连接梁为型材，连接板可以调整宽度，保证车体长度。

109. 简述 CRH380B 型动车组高压系统组成。

答：高压系统由受电弓、真空断路器含接地保护开关、避雷器、高压隔离开关、电压互感器、电流互感器、高压接头、高压电缆等设备组成。

110. 简述 CRH380CL 型动车组编组组成。

答：动车组设商务/一等座车（01、00 车）2 辆、一等座车（02、03 车）2 辆、二等座车（04、06、07、08、10、11、12、13、14、15 车）10 辆、带无障碍设施二等座车（05 车）1 辆、餐座合造车（09 车）1 辆。

111. 简述 CRH380CL 型动车组动力配置。

答：CRH380CL 型动车组以 8 辆动车和 8 辆拖车共 16 辆构成一个编组，其中 01、03、06、08、09、11、14、00 车为动车，02、04、05、07、10、12、13、15 车为拖车。

112. 简述 CRH380CL 型动车组受电弓分布。

答:CRH380CL 型动车组受电弓分布在 02、07、10、15 车上。

113. 简述 CRH380CL 型动车组动车转向架组成。

答:动车转向架主要由构架、轮对轴箱装置、一系悬挂、牵引驱动装置、二系悬挂、基础制动装置和踏面清扫装置等部分组成。

114. 简述 CRH380CL 型动车组车辆方位。

答:EC(01、00)车以有司机室端为 1 位端,TC(02、07、10、15)、VC(03)、IC(06、08、11、14)、FC(04、05)、SC(12、13)车以有卫生间端为 1 位端,BC(09)车以有乘务室端为 1 位端,另一端为 2 位端。

115. 简述 CRH380CL 型动车组车体底架的组成。

答:底架主要由底架前端结构和底架中部结构两大部分组成。底架中部结构包括地板、边梁两部分,边梁纵向贯通,底架前端和地板均与边梁焊接。底架前端和地板通过连接梁、连接板相连，连接梁为型材，连接板可以调整宽度，保证车体长度。

116. 简述CRH380CL型动车组高压系统组成。

答：高压系统由受电弓、真空断路器含接地保护开关、避雷器、高压隔离开关、电压互感器、电流互感器、高压接头、高压电缆等设备组成。

117. 简述CR400AF型动车组编组组成。

答：动车组设商务/一等座车（01车）1辆、商务/二等座车（00车）1辆、二等座车（02、03、06、07车）4辆、带无障碍设施二等座车（04车）1辆、餐车二等座车（05车）1辆。

118. 简述CR400AF型动车组动力配置。

答：CR400AF型动车组以4辆动车和4辆拖车共8辆构成一个编组，其中01、03、06、00车为拖车，02、04、05、07车为动车。

119. 简述CR400AF型动车组受电弓分布。

答：CR400AF型动车组受电弓分布在TP

(03、06)车上。

120. 简述 CR400AF 型动车组动车转向架组成。

答：动车转向架采用两轴无摇枕轻量化结构，模块化设计制造理论。采用 LMA 型踏面，沿用 H 形焊接构架、单牵引拉杆、盘形制动等成熟结构。采用两级悬挂，一系悬挂采用圆柱螺旋弹簧＋垂向减振器，轮对轴箱采用转臂式定位；二系悬挂采用空气弹簧，设高度调整阀及差压阀，安装横向减振器、抗蛇行减振器及抗侧滚扭杆装置。

121. 简述 CR400AF 型动车组车辆方位。

答：01、02、03、04 车以靠近 01 车车头方向为 1 位端，相反方向为 2 位端；05、06、07、00 车以靠近 00 车车头方向为 1 位端，相反方向为 2 位端。

122. 简述 CR400AF 型动车组车体底架的组成。

答：底架结构主要由牵引梁、枕梁、缓冲梁、边梁、横梁、双层中空地板等结构组成。

123. 简述 CR400AF 型动车组高压系统的组成。

答：高压系统由受电弓、真空断路器含接地保护开关、避雷器、高压隔离开关、电压互感器、电流互感器、高压接头、高压电缆等组成。

124. 简述 CR400BF 型动车组编组组成。

答：CR400BF 型动车组设商务/一等座车（01车）1 辆、商务/二等座车（00 车）1 辆、二等座车（02、03、06、07 车）4 辆、带无障碍设施二等座车（04车）1 辆、餐座合造车（05 车）1 辆。

125. 简述 CR400BF 型动车组动力配置。

答：CR400BF 型动车组以 4 辆动车和 4 辆拖车共 8 辆构成一个编组，其中 01、03、06、00车为拖车，02、04、05、07 车为动车。

126. 简述 CR400BF 型动车组受电弓分布。

答：CR400BF 型动车组受电弓分布在 TP（03、06）车上。

127. 简述 CR400BF 型动车组动车转向架

组成。

答：动车转向架采用 H 形焊接构架、转臂式轴箱定位、双圈螺旋式钢弹簧和垂向减振器的一系悬挂，大柔度空气弹簧、横向减振器、横向止挡、抗蛇行减振器（每侧两个）和 Z 形牵引装置的二系悬挂，盘式基础制动单元，架悬式交流电机、联轴节和齿轮传动系统。

128. 简述 CR400BF 型动车组车辆方位。

答：01、02、03、04 车以靠近 01 车车头方向为 1 位端，相反方向为 2 位端；05、06、07、00 车以靠近 00 车车头方向为 1 位端，相反方向为 2 位端。

129. 简述 CR400BF 型动车组车体底架的组成。

答：底架主要由底架前端结构和底架中部结构两部分组成。底架中部结构包括地板、边梁两部分，地板与边梁焊接，纵向贯通；底架端部为整体结构，包含固定裙板，固定裙板上集成注水口、注砂口等部件。底架端部与底架底板之间通过过渡板相连，固定裙板与边梁组焊，具有很好的强度。

130. 简述 CR400BF 型动车组高压系统组成。

答：高压系统由受电弓、避雷器、线电压互感器、主断路器（带接地开关）、线电流互感器、高压隔离开关和高压电缆等组成。

第四章　基本技能

131. 简述TEDS工作原理。

答：TEDS是利用安装在轨旁的高速、高清、线阵（面阵）摄像头，自动采集运行动车组走行部、制动配件、底架悬吊件、钩缓连接、两侧裙板、设备舱底板等可视部位的图像，通过3D成像技术、图像处理、图像自动识别等技术自动对比、分析、发现动车组故障并进行分级报警。

132. 简述TEDS系统总体构成。

答：TEDS系统组成包括探测站轨旁设备、探测站机房设备、集中监控中心设备及终端。

133. 简述TEDS系统通道。

答：TEDS系统具备左侧上、左侧下、右侧上、右侧下、底中、底左（轨内外）、底右（轨内外）共7个可视或监测通道。

134. 简述TEDS监控中心设备。

答:监控中心设备包括接口服务器、数据库服务器、平台应用服务器、工作组终端等。

135. 简述TEDS图像监控系统主要功能。

答:图像监控系统主要是采集动车组运行过程中所经过的各TEDS探测站的监控图像数据,对监控数据集中显示、预警并进行人工故障筛查、上报及统计分析的综合联网应用系统。主要功能包括预警分析监控、报警信息上报、监控管理、人员管理、统计信息查询及分析等。

136. 简述TEDS图像监控系统用户分类。

答:TEDS图像监控系统主要用户为分析员及作业组长。

137. 简述TEDS系统作业的时间要求。

答:TEDS分析员应严格按照作业计划进行作业,在接收到动车组TEDS监控数据15 min内须完成分析上报工作,对发现的故障须执行分析员、作业组长“双确认”并及时预报。

138. 简述在TEDS系统作业时，CRH2E型动车组拖车在左侧下、右侧下通道能够监控到的部件。

答：CRH2E型动车组拖车在左侧下、右侧下通道能够监控到一系垂向减振器、轴箱、闸片托、轴箱定位装置、高度调整杆、抗蛇行减振器等部件。

139. 简述在TEDS系统作业时，CRH2E型动车组拖车在底中通道能够监控到的部件。

答：CRH2E型动车组拖车在底中通道能够监控到轮装制动盘、轴装制动盘、轴身、闸片托、制动装置、增压缸、牵引拉杆等部件。

140. 简述在TEDS系统作业时，CRH2E型动车组拖车在底左、底右通道能够监控到的部件。

答：CRH2E型动车组拖车在底左、底右通道能够监控到一系垂向减振器底座、轴箱、轮装制动盘、轴身、轴装制动盘、闸片托、制动装置、轴箱定位装置、抗蛇行减振器等部件。

141. 简述在 TEDS 系统作业时，CRH2E 型动车组动车在底中通道能够监控到的部件。

答：CRH2E 型动车组动车在底中通道能够监控到接地碳刷、轮装制动盘、齿轮箱、轴身、闸片托、制动装置、联轴节、牵引电机、增压缸、牵引拉杆等部件。

142. 简述在 TEDS 系统作业时，CRH2E 型动车组动车在底左、底右通道能够监控到的部件。

答：CRH2E 型动车组动车在底左、底右通道能够监控到一系垂向减振器底座、轴箱、轮装制动盘、闸片托、制动装置、轴箱定位装置、抗蛇行减振器、齿轮箱等部件。

143. 简述在 TEDS 系统作业时，CRH380B/BL/CL 型动车组动车在左侧下、右侧下通道能够监控到的部件。

答：CRH380B/BL/CL 型动车组动车在左侧

下、右侧下通道能够监控到撒砂装置、一系垂向减振器、轴箱、闸片托、轴箱定位装置、抗侧滚扭杆、二系垂向减振器、抗蛇行减振器等部件。

144. 简述在 TEDS 系统作业时，CRH380B/BL/CL 型动车组动车在底中通道能够监控到的部件。

答：CRH380B/BL/CL 型动车组动车在底中通道能够监控到撒砂装置、轮装制动盘、闸片托、制动装置、齿轮箱、轴身、C 形支架、联轴节、牵引电机、风管、电机减振器、牵引拉杆等部件。

145. 简述在 TEDS 系统作业时，CRH380B/BL/CL 型动车组动车在底左、底右通道能够监控到的部件。

答：CRH380B/BL/CL 型动车组动车在底左、底右通道能够监控到传感器支架、轴箱、轮装制动盘、齿轮箱、轴箱定位装置、闸片托、制动装置、抗蛇行减振器等部件。

146. 简述在 TEDS 系统作业时，CRH380B/

BL/CL 型动车组拖车在左侧下、右侧下通道能够监控到的部件。

答：CRH380B/BL/CL 型动车组拖车在左侧下、右侧下通道能够监控到一系垂向减振器、轴箱、停放制动缓解手柄、轴箱定位装置、抗侧滚扭杆、二系垂向减振器、抗蛇行减振器等部件。

147. 简述在 TEDS 系统作业时，CRH380B/BL/CL 型动车组拖车在底中通道能够监控到的部件。

答：CRH380B/BL/CL 型动车组拖车在底中通道能够监控到轴装制动盘、闸片托、制动装置、轴身、风管、牵引拉杆等部件。

148. 简述在 TEDS 系统作业时，CRH380B/BL/CL 型动车组拖车在底左、底右通道能够监控到的部件。

答：CRH380B/BL/CL 型动车组拖车在底左、底右右通道能够监控到传感器支架、轴箱、

轴身、轴装制动盘、轴箱定位装置、闸片托、制动装置、抗蛇行减振器等部件。

149. 简述在 TEDS 系统作业时，CRH5A 型动车组动车在左侧下、右侧下通道能够监控到的部件。

答：CRH5A 型动车组动车在左侧下、右侧下通道能够监控到轴箱上拉杆、轴箱、一系垂向减振器、轴箱定位下拉杆、接线盒、停放制动缓解手柄、制动指示器、空气弹簧、抗蛇行减振器等部件。

150. 简述在 TEDS 系统作业时，CRH5A 型动车组动车在底中通道能够监控到的部件。

答：CRH5A 型动车组动车在底中通道能够监控到轴装制动盘、轴身、闸片托、制动装置、二系垂向减振器、抗侧滚扭杆、牵引拉杆、反作用力杆、齿轮箱、万向轴等部件。

151. 简述在 TEDS 系统作业时，CRH5A 型动车组动车在底左、底右通道能够监控到的部件。

答:CRH5A 型动车组动车在底左、底右通道能够监控到撒砂装置、闸片托、制动装置、轴身、轴箱、轴箱定位下拉杆、抗蛇行减振器、齿轮箱等部件。

152. 简述在 TEDS 系统作业时,CRH5A 型动车组拖车在底中通道能够监控到的部件。

答:CRH5A 型动车组拖车在底中通道能够监控到轴装制动盘、轴身、闸片托、制动装置、二系垂向减振器、抗侧滚扭杆、牵引拉杆等部件。

153. 简述在 TEDS 系统作业时,CRH5A 型动车组拖车在底左、底右通道能够监控到的部件。

答:CRH5A 型动车组拖车在底左、底右通道能够监控到轴箱、轴身、闸片托、制动装置、轴箱定位下拉杆、抗蛇行减振器等部件。

154. 简述在 TEDS 系统作业时,CRH380A/

AL 型动车组拖车在左侧下、右侧下通道能够监控到的部件。

答：CRH380A/AL 型动车组拖车在左侧下、右侧下通道能够监控到一系垂向减振器、轴箱、闸片托、轴箱定位装置、高度调整杆、抗蛇行减振器等部件。

155. 简述在 TEDS 系统作业时，CRH380A/AL 型动车组拖车在底中通道能够监控到的部件。

答：CRH380A/AL 型动车组拖车在底中通道能够监控到撒砂装置、轮装制动盘、轴装制动盘、轴身、闸片托、制动装置、停放制动缸、牵引拉杆、抗侧滚扭杆等部件。

156. 简述在 TEDS 系统作业时，CRH380A/AL 型动车组拖车在底左、底右通道能够监控到的部件。

答：CRH380A/AL 型动车组拖车在底左、底右通道能够监控到一系垂向减振器底座、轴箱、轮装制动盘、轴身、轴装制动盘、闸片托、制动装置、轴箱定位装置、抗蛇行减振器、抗侧滚扭杆等部件。

157. 简述在TEDS系统作业时，CRH6A型动车组拖车在左侧下、右侧下通道能够监控到的部件。

答：CRH6A型动车组拖车在左侧下、右侧下通道能够监控到一系垂向减振器、轴箱、闸片托、轴箱定位装置、高度调整杆、抗侧滚扭杆、停放制动缓解手柄、抗蛇行减振器等部件。

158. 简述在TEDS系统作业时，CRH6A型动车组拖车在底中通道能够监控到的部件。

答：CRH6A型动车组拖车在底中通道能够监控到轮装制动盘、轴身、轴装制动盘、闸片托、停放制动缸、制动装置、牵引拉杆、撒砂装置等部件。

159. 简述在TEDS系统作业时，CRH6A型动车组拖车在底左、底右通道能够监控到的

部件。

答：CRH6A 型动车组拖车在底左、底右通道能够监控到传感器线缆及其配线、航空插头、轴箱、轮装制动盘、闸片托、轴箱定位装置、制动装置、抗侧滚扭杆安装座、停放制动缓解手柄、抗蛇行减振器、一系垂向减振器底座等部件。

160. 简述在 TEDS 系统作业时，CRH6A 型动车组动车在左侧下、右侧下通道能够监控到的部件。

答：CRH6A 型动车组动车在左侧下、右侧下通道能够监控到一系垂向减振器、轴箱、闸片托、轴箱定位装置、高度调整杆、抗侧滚扭杆、抗蛇行减振器等部件。

161. 简述在 TEDS 系统作业时，CRH6A 型动车组动车在底中通道能够监控到的部件。

答：CRH6A 型动车组动车在底中通道能够监控到航空插头、轮装制动盘、齿轮箱、接地碳刷、轴身、闸片托、联轴节、制动装置、牵引电机传感器、牵引电机、牵引拉杆、撒砂装置等部件。

162. 简述在 TEDS 系统作业时，CRH6A 型动车组动车在底左、底右通道能够监控到的部件。

答：CRH6A 型动车组动车在底左、底右通道能够监控到传感器线缆及其配线、航空插头、一系垂向减振器底座、轴箱、轮装制动盘、闸片托、轴箱定位装置、制动装置、抗侧滚扭杆底座、抗蛇行减振器、撒砂装置等部件。

163. 简述在 TEDS 系统作业时，CR400AF 型动车组拖车在左侧下、右侧下通道能够监控到的部件。

答：CR400AF 型动车组拖车在左侧下、右侧下通道能够监控到撒砂装置、一系垂向减振器、轴箱、轴箱定位装置、高度调整杆、抗蛇行减振器等部件。

164. 简述在 TEDS 系统作业时，CR400AF

型动车组拖车在底中通道能够监控到的部件。

答:CR400AF型动车组拖车在底中通道能够监控到撒砂装置、轴装制动盘、轴身、闸片托、制动装置、风管、抗侧滚扭杆、牵引拉杆等部件。

165. 简述在TEDS系统作业时,CR400AF型动车组拖车在底左、底右通道能够监控到的部件。

答:CR400AF型动车组拖车在底左、底右通道能够监控到撒砂装置、一系垂向减振器底座、轴箱、轴身、轴装制动盘、闸片托、制动装置、轴箱定位装置、抗蛇行减振器、抗侧滚扭杆等部件。

166. 简述在TEDS系统作业时,CR400AF型动车组动车在左侧下、右侧下通道能够监控到的部件。

答:CR400AF型动车组动车在左侧下、右侧下通道能够监控到一系垂向减振器、轴箱、闸片托、轴箱定位装置、高度调整杆、抗蛇行减振器等部件。

167. 简述在 TEDS 系统作业时，CR400AF 型动车组动车在底中通道能够监控到的部件。

答：CR400AF 型动车组动车在底中通道能够监控到接地碳刷、轮装制动盘、轴身、闸片托、制动装置、齿轮箱、联轴节、牵引电机、风管、抗侧滚扭杆、牵引拉杆等部件。

168. 简述在 TEDS 系统作业时，CR400AF 型动车组动车在底左、底右通道能够监控到的部件。

答：CR400AF 型动车组动车在底左、底右通道能够监控到一系垂向减振器底座、轴箱、轮装制动盘、齿轮箱、闸片托、制动装置、轴箱定位装置、抗蛇行减振器、抗侧滚扭杆等部件。

169. 简述在 TEDS 系统作业时，CR400BF 型动车组拖车在左侧下、右侧下通道能够监控到的部件。

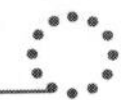

答:CR400BF型动车组拖车在左侧下、右侧下通道能够监控到一系垂向减振器、轴箱、轴箱定位装置、抗侧滚扭杆、二系垂向减振器、抗蛇行减振器等部件。

170. 简述在TEDS系统作业时,CR400BF型动车组拖车在底中通道能够监控到的部件。

答:CR400BF型动车组拖车在底中通道能够监控到轴装制动盘、轴身、闸片托、制动装置、风管、牵引拉杆等部件。

171. 简述在TEDS系统作业时,CR400BF型动车组拖车在底左、底右通道能够监控到的部件。

答:CR400BF型动车组拖车在底左、底右通道能够监控到传感器支架、轴箱、轴箱定位装置、轴身、轴装制动盘、闸片托、制动装置、抗蛇行减振器等部件。

172. 简述在TEDS系统作业时,CR400BF型动车组动车在左侧下、右侧下通道能够监控到的部件。

答：CR400BF 型动车组动车在左侧下、右侧下通道能够监控到一系垂向减振器、轴箱、闸片托、轴箱定位装置、抗侧滚扭杆、二系垂向减振器、抗蛇行减振器等部件。

173. 简述在 TEDS 系统作业时，CR400BF 型动车组动车在底中通道能够监控到的部件。

答：CR400BF 型动车组动车在底中通道能够监控到轮装制动盘、齿轮箱、接地碳刷、轴身、闸片托、制动装置、联轴节、牵引电机、牵引拉杆等部件。

174. 简述在 TEDS 系统作业时，CR400BF 型动车组动车在底左、底右通道能够监控到的部件。

答：CR400BF 型动车组动车在底左、底右通道能够监控到传感器支架、轴箱、轮装制动盘、齿轮箱、轴箱定位装置、闸片托、制动装置、抗蛇行减振器等部件。

175. 简述在 TEDS 系统作业时，纵向动卧动车组拖车在左侧下、右侧下通道能够监控到的部件。

答：纵向动卧动车组拖车在左侧下、右侧下通道能够监控到一系垂向减振器、轴箱、闸片托、轴箱定位装置、高度调整杆、停放制动缓解手柄、抗蛇行减振器等部件。

176. 简述在 TEDS 系统作业时，纵向动卧动车组拖车在底中通道能够监控到的部件。

答：纵向动卧动车组拖车在底中通道能够监控到轮装制动盘、轴装制动盘、轴身、闸片托、制动装置、停放制动缸、牵引拉杆等部件。

177. 简述在 TEDS 系统作业时，纵向动卧动车组拖车在底左、底右通道能够监控到的部件。

答：纵向动卧动车组拖车在底左、底右通道能够监控到轴箱、轮装制动盘、闸片托、制动装置、轴箱定位装置、停放制动缓解手柄、抗蛇行减振器、一系垂向减振器底座等部件。

178. 简述在TEDS系统作业时，纵向动卧动车组动车在左侧下、右侧下通道能够监控到的部件。

答：纵向动卧动车组动车在左侧下、右侧下通道能够监控到一系垂向减振器、轴箱、闸片托、轴箱定位装置、高度调整杆、抗蛇行减振器等部件。

179. 简述在TEDS系统作业时，纵向动卧动车组动车在底中通道能够监控到的部件。

答：纵向动卧动车组动车在底中通道能够监控到轮装制动盘、齿轮箱、接地碳刷、轴身、闸片托、制动装置、联轴节、牵引电机、牵引电机传感器线、牵引拉杆、撒砂装置等部件。

180. 简述在TEDS系统作业时，纵向动卧动车组动车在底左、底右通道能够监控到的部件。

答：纵向动卧动车组动车在底左、底右通道

能够监控到撒砂装置、轴箱、轮装制动盘、闸片托、制动装置、轴箱定位装置、抗蛇行减振器、齿轮箱、一系垂向减振器底座等部件。

181. 简述 TADS 系统的主要功能。

答:TADS 系统是指利用轨旁探测设备对运行动车组滚动轴承声学信号采集和分析,识别轴承工作状态,实现轴承内部早期故障诊断和自动报警功能的系统。

182. 简述 TADS 系统的主要设备。

答:TADS 系统主要包括探测站设备、动车(客车)段设置集中监控终端设备及网络传输设备,TADS 报警信息的确认和报告应在集中监控终端完成。

183. 简述 TADS 系统的应用范围。

答:TADS 系统采用轨旁声学指向跟踪技术、声音频谱分析技术和计算机智能识别技术对动车组和客车车辆滚动轴承外、内圈滚道和滚动体裂纹剥离、磨损及腐蚀等故障进行早期诊断及分级报警，适用于各型动车组及客车车辆滚动轴承故障在线动态检测。

184. 简述 TADS 系统的特点。

答：(1)自动判别通过的滚动轴承滚子、内圈和外圈的裂纹、剥离、磨损等故障。

(2)故障报警等级分为三个级别。

(3)具备双向接车功能。

(4)采用冗余设计，确保持续运行。

(5)具有状态自检、故障远程监控、远程重启功能。

(6)具有轨旁及探测站设备视频监控功能。

(7)具有防雨、雪、风、沙尘功能。

185. 简述 TADS 系统设备故障处置要求。

答：TADS 系统设备发生故障后设备所属段（使用段）按规定须及时报告，并积极组织修复。TADS 系统设备所属段（使用段）须对设备接入联网平台情况进行确认，因网络故障等原因致使本段监控中心无法接入全路联网系统时，

TADS 系统设备所属段(使用段)须通过 TADS 系统本地监控软件进行报警信息确认,发现报警信息后,及时通知担当(代管)段 TADS 系统值守人员,由其进行信息报告传递。

186. 简述 TADS 系统站段作业要求。

答:站段根据行车密度和数据分析工作量确定,确保接到系统报警信息后在 30 min 内完成故障确认及报告(传递)。动车(客车)段值守人员收到动车组 TADS 系统联网报警信息后,须准确确认车次、车组号、报警轴位、报警等级、报警设备地点等信息,并及时报告(传递)。

187. 简述 TADS 系统故障报警分级标准。

答:联网 A 级报警条件:发生 1 级单次报警,或最近 8 次有效探测中,累计发生 3 次 2 级及以上报警或 5 次 3 级及以上报警。联网 B 级报警条件:发生 3 级及以上单次报警,未达到 A 级报警条件的。

188. 简述接到 TADS 系统报警信息后,运行途中处置要求。

答:接到故障报警信息后,随车机械师要加强报警部位车厢巡视,密切监控车载轴承温度;应急指挥人员对动车组轴温状态进行监控分析,发现轴承温度持续升高或动车组自身诊断系统报警时,按相关要求处置,必要时采取停车检查或换车措施。

189. 简述 TADS 系统使用部门的工作要求。

答:(1)负责监控、汇报、整理、统计全段动车组 TADS 系统报警故障情况,将报警信息及时传达至相关动车所,按标准下发 TADS 系统故障复核单。

(2)负责盯控 TADS 系统联网平台软件运行状态并及时向设备部门反馈故障信息。

(3)负责按月、季、年对 TADS“开机率”“报警率”“复核率”“准确率”进行统计分析,形成报告上报上级部门。

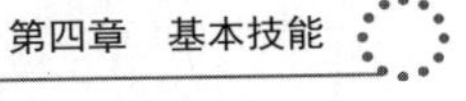

190. 简述动车组滚动轴承的组成及作用原理。

答：动车组滚动轴承一般都是由外圈、内圈、滚动体和保持架四部分组成，内圈的作用是与轴相配合并与轴一起旋转；外圈作用是与轴承座相配合，起支撑作用，一般情况下内圈随轴旋转，外圈不动。

191. 简述滚动轴承滚动体的作用原理。

答：滚动体是滚动轴承中的核心元件，它借助保持架均匀分布在内圈和外圈之间，其形状大小和数量直接影响着滚动轴承的使用性能和寿命，使相对运动表面间的滑动摩擦变为滚动摩擦。我国动车组滚动轴承的滚动体形状为圆柱形和圆锥形。滚动轴承内外圈上都有凹槽滚道，起着降低接触应力和限制滚动体轴向移动的作用。

192. 简述影响轴承正常工作的因素。

答：由于滚动轴承材料缺陷，加工或装配不

当，润滑不良，水分和异物侵入，腐蚀剥落及过载等原因都可能导致早期损坏。另外，即使在安装、润滑和使用维护都正常的情况下，经过一段时间的运转，轴承也会出现疲劳剥落和磨损等现象，影响轴承正常工作。

193. 简述动车组滚动轴承在线检测的必要性。

答：滚动轴承是车辆走行部的关键部件，随着动车组开行密度越来越大、运行环境越来越复杂，加上轴承形式多样、寿命离散性大、运营里程长、运行速度高，因此轴承故障不可避免，轴承检测备受关注。

194. 简述滚动轴承疲劳剥落的定义。

答：滚动轴承工作时，滚道和滚动体表面既承受载荷又相对滚动。由于交变载荷的作用，首先在表面下方一定深度处（最大剪应力处）形成裂纹，继而扩展到接触表面层发生剥落坑，最后发展到大片剥落，这种现象就叫作

疲劳剥落。

195. 简述滚动轴承出现塑性变形的原因。

答:在工作负荷过重的情况下,轴承受到过大的冲击载荷或静载荷,因为热变形引起额外的载荷,当有高硬度的异物侵入时,都会在滚道表面上形成凹痕或划痕,进而使轴承在运转时产生剧烈的振动和噪声。

196. 简述滚动轴承腐蚀的原因。

答:腐蚀也是滚动轴承的常见故障之一。一方面,当水分直接侵入时,会引起轴承腐蚀;另一方面,当轴承停止工作时,轴承温度下降到零点,空气中的水分凝结成水滴附在轴承的表面上也会引起腐蚀。

197. 简述滚动轴承断裂的原因。

答:当载荷超过轴承滚道或滚动体的强度极限时,会引起轴承零件的破裂。此外,由于磨削加工、热处理或装配时引起的残余应力、工作时的热应力过大等都有可能造成轴承零件的断裂。

198. 简述滚动轴承胶合的定义及危害。

答:胶合是指一个表面上的金属黏附到另一个表面上的现象。在润滑不良、高速重载的情况下,由于摩擦发热,轴承零件可能在极短的时间内达到很高的温度,从而导致表面烧伤或损坏。

199. 简述滚动轴承保持架损坏的原因。

答:由于装配或使用不当,引起保持架发生变形,从而增加保持架与滚动体之间的摩擦、使某些滚动体卡死而不能滚动、保持架与内外滚道发生摩擦等均可能引发保持架损坏,同时使振动、噪声与发热增加。

200. 简述诊断滚动轴承故障的物理方法。

答:根据机械故障诊断原理,滚动轴承诊断的物理方法主要有温度、振动、声学、油液分析、油膜厚度分析等。

201. 简述 TADS 系统如何利用振动诊断轴

承故障。

答:当滚动体和滚道接触处有局部缺陷时，轴承在运动过程中会产生一个冲击信号。当缺陷在不同的元件上时，接触点经过缺陷的频率是不相同的，这个频率就成为冲击的间隔频率或特征频率。通过对振动信号(或声音)的检测，运用信号处理方法提取滚动轴承的故障特征频率就能识别滚动轴承故障。

202. 简述 TADS 系统如何利用声学信号诊断轴承故障。

答:轴承声学诊断的关键技术，一是声音信号的测量，二是状态的识别或分类。声音的主要特征为声压、声强、频率、声功率、质点振速等。声音测量的传感器称为传声器，它是一种把声能转换成电能的电声器件，可用来直接测量声场中的声压，然后转换成电信号再进行信号处理。

203. 简述踏面检测系统的组成。

答:踏面检测系统也称轮对故障动态检测系统,安装在动车组入库线上,由轮对外形尺寸检测系统、踏面缺陷探伤子系统、车轮擦伤检测子系统和车号识别子系统组成。

204. 简述受电弓及车顶动态检测系统工作原理。

答:受电弓及车顶动态检测系统安装在动车组入库线上,配置在动车组运用所的关键设备,通过动态图像监测技术、高精度传感器技术和自动控制技术,在动车组进库时进行车顶受电弓关键参数监测及车顶状态观测。

205. 简述 TPDS 系统的基本功能。

答:TPDS 系统可对运行动车组踏面进行数据监测,并对疑似异常进行报警。报警内容包括报警部位、报警等级、损伤当量、多边形阶数等参数。

206. 简述 PHM 系统的中文名称。

答:动车组故障预测与健康管理系统。

207. 简述 PHM 系统的基本功能。

答:PHM 系统可以实现动车组状态监测、故障预警预测、健康评估、决策支持及模型管理等功能。